AF205133

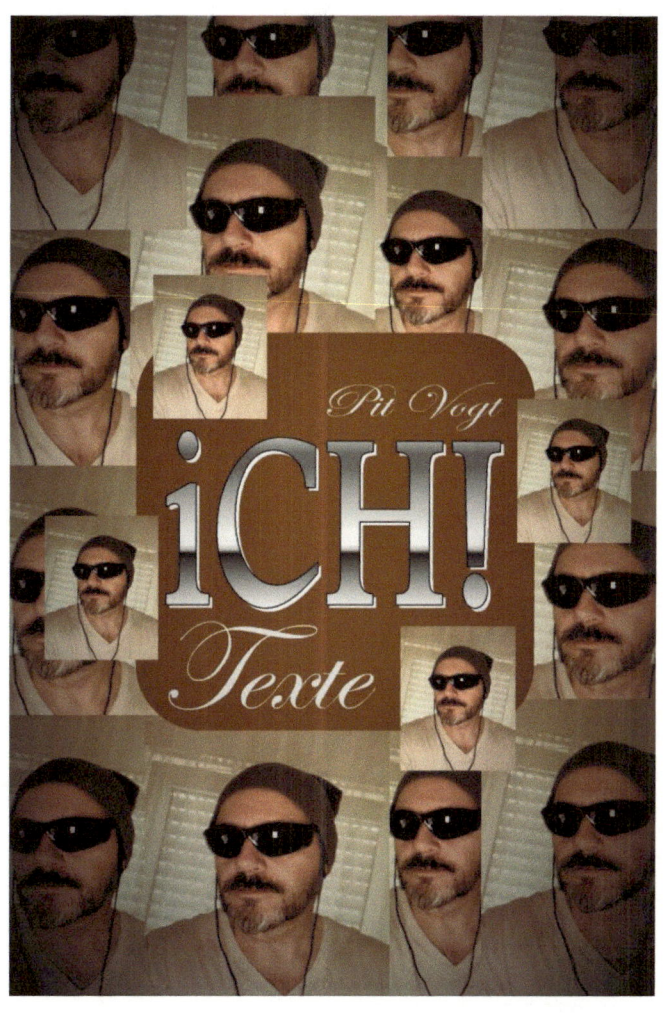

Pit Vogt

¡CH!

Texte

Idee, Design & Layout: P i T

Alle Texte sind frei erfunden

<u>*Impressum*</u>

Herstellung und Verlag:
BoD - Books on Demand, Norderstedt
ISBN 978-3-7504-0123-5

6	Rinnsal
8	Düsternis
10	Wie ein Stein
11	Mein Glaube
13	Phäsalis
14	Agonie
16	Böser Wolf
18	Gedanke
20	In einer Bar
22	Ohne Titel
24	Die Unfähigen
29	Dunkles Land
31	Ein Stückchen Hoffnung
34	Mein Leben
35	Letzte Reise
36	Ein einfaches Märchen
38	Mein Kreuz
39	Mein großer Traum (Song)
41	Der Blinde
44	Augen
45	Die Wärterin
47	Eine Frau
50	Der Mann im Wald
53	Fahrstuhlstopp
55	Das bisschen Leben
57	Schnee auf Usedom
59	November
60	Am Grab
61	Die Bank am Wald
62	Alte Frau
63	Späte Heimkehr
65	Wir hatten diese Zeit
67	Mein Sinn

Rinnsal

Ich bin am See der alten Zeiten
Es ist so still
Kein Lüftchen weht
So gern wollt´ ich dort ewig bleiben
An jenem See der Lebens-Zeiten
Wo alles Dasein man versteht

Ein kleines Rinnsal plätschert leise
Wohl nimmts die Lebensjahre mit
Tief in mir drin
Ne alte Weise
Mein Leben war wohl laut und
Leise
Es ging mal gut, mal schlecht
Dahin

Da wollt ich viel
Manchmal zu heftig
Manch´ Traum verging
Da blieb nicht viel
So manche Reue ward recht deftig
Durch alle Widerstände,
Heftig
Und manchmal wars ein böses Spiel

Oft stand ich plötzlich ganz allein da
Weil keiner mehr geholfen hat
Doch, wies auch oftmals ziemlich schlecht war
War meine Mama stets für mich da
Gemeinsam schafften wir das Schlimme
Ab

Wir beide halten fest zusammen
Ich brauch dich sehr
Ich hab dich gern
Durch hohe Wasser,
Wilde Flammen
Da halten wir ganz fest zusammen
Ich denk an dich in
Nah und Fern

An diesem See der alten Zeiten
Wird's langsam Nacht
Kein Lüftchen weht
So gern wollt ich hier ewig bleiben
Ich denk an all die bunten Zeiten
Dann geh ich heim
Und weiß
Ich leb

Düsternis

Düsternis klebt in der Stadt
Wo du harrst,
Wo´s nichts mehr hat
Einsamkeit und Starre nur
Und dein Wunsch verhallt so stur

Du willst fort aus diesem Nest
Wo die Zeit gefahren fest
Wo die Dummheit kriecht ums
Eck
Wo die Nachbarschaft wie Dreck

Abscheu lähmt den Leib
Den Sinn
Dieses Kaff ist kein Gewinn
Ängste lähmen deinen Geist
Der längst in die Ferne
Streift

Warum straft dich Gott nur so
Warum bist du nicht mehr froh
Warum kommst du hier nicht fort
Warum dieser miefig´ Ort

Eine Antwort gibt es nicht
Schweigen nur
Und kaum ein Licht
Dunkle Straßen,
Regennass
Tränensang
Und welkes Gras

Eines Tages aber dann
Ziehst du deine Jacke an
Steigst ins Auto
Und hast Mut
Und fährst los
Und es wird gut

Wie ein Stein

Bin wie ein Stein auf dieser Welt
Bedeutungslos
Und irgendwo
Ein Stück der Zeit
Die nicht lang hält
Ein kühler Stein auf dieser Welt
Egal ob traurig oder froh

Bin wie ein Stein in der Natur
Geschliffen auch
Vom wilden Strom
Bin von der Welt ein Stückchen nur
Auf einem Platz
In der Natur
Egal ob ehrlich
Oder Hohn

Bin wie ein Stein
So ehern da
Manchmal zu hart
Manchmal zu schwer
Und wie ich´s sehe
Oder sah
Bin ich als Mensch kein Stein fürwahr
Und meine Seel ist auch nicht
Leer

Mein Glaube

Mein Glaube schwankt mal hin,
Mal her
Ich fühle mich mal leicht,
Mal schwer
So wie mein Sinn,
Er schwankt dahin
Ist kein Gewinn,
Flieht drüber hin
So oft fühl ich mich ziemlich leer

Mein „Amen" ist noch viel zu leis
Ich weiß nicht,
Wie ich schreien soll
Ich weiß manchmal nicht
Was ich weiß
Und alles „Amen" gähnt zu leis
Und manch´ ein Traum
Bringt Angst
Und
Schweiß

Mein Segen scheint noch viel zu weit
Ich seh ihn nicht
Ich fühle nichts
Und überall droht
Einsamkeit
Warum allein
Und nicht
Zu zweit
Warum so fern des hellen Lichts

Mein Glaube schwankt mal her,
Mal hin
Ich fühle mich mal schlau,
Mal dumm
Wo ist des Daseins bester Sinn
Wo ist nur Gott
Wo sein Gewinn
Schau mich im Zimmer suchend
Um

Phäsalis

Tränke deinen Geist in mir
Geh mit Gott konform
Werde nicht zum Hass
Zum Tier
Bleib allein nicht
Komm zum
Wir
Sei jetzt ohne Zorn

Tränke deine Lust in mir
Gott will nur dein Glück
Sei nicht da,
Nicht dort,
Nur hier
Leb dein Leben
Ohne Zier
Hör nun auf mein Wort

Tränke deine Hand in mir
Gott will deine Tat
Renn nicht wie ein wilder Stier
Gib nicht nach
Der zähen Gier
Hör auf meinen Rat

Tränke dich in meinem Leib
Gott ist tief in dir
Wisse, du bist bald befreit
Deine Träume sind nicht weit
Bei Phäsalis
Jetzt
Und
Hier

Agonie
(Persönliches Nachdenken)

Ein Bahnsteig in der großen Stadt
Dort, wo man wenig Argwohn hat
Da ist die Mutter
Und das Kind
Und jener Fremde: Gar nicht blind

Es kommt ein Zug recht schnell heran
Kommt immer näher schon sodann
Manch´ einer denkt schon an sein Ziel
Doch da geschieht das böse Spiel

Der Fremde stößt das Kind hinab
Ins Gleisbett rein
Er brüllt und lacht
Dann schubst die Mutter er aufs Gleis
Sein Blick zeigt Freude
Wut und Eis

Die Mutter kann sich retten noch
Das Kind stirbt unterm Zug jedoch
Der Fremde mit der dunklen Haut
Ein Mörder jetzt
Vom Hass versaut

Die Menschen schreien
Agonie
Ein Kind ist tot
Warum und
Wie
Ein Fremder stieß es vor den Zug
Ists mit dem Hass noch nicht genug

So viele zogen einst ins Land
Schürt da sich neuer Flächenbrand
Wir gaben denen Dach und Brot
Doch wolln wir weder Dank
Noch Tod

Ich frage mich wohl wenig froh
Sind bei dem Fremden alle so
Ist es der Hass auf unser Land
Hat man für uns nur
Wut und Schand

Den Krieg trägt man in unsere Stadt
Dort, wo man wenig Argwohn hat
Doch die da oben:
Stur und blind
Und wieder stirbt manch´
Liebes Kind

Böser Wolf

Der böse Wolf ist wieder da
In Feld und Wald
Und ziemlich nah
Er ist ein Raubtier
Das scheint klar
Und manche Angst
Droht von
Gefahr

Er reißt manch´ Herdentier
Im Land
Hat uns gewiss schon längst erkannt
Doch keinen kümmerts
Und man schweigt
Weils nicht sein darf
In jener Zeit

Den Wolf kennt man vom
Märchenland
Doch hier ist er wohl kaum bekannt
Noch reißt er Herden nur
Manch´ Schaf
Noch scheint der Mensch in tiefem
Schlaf

Doch was,
Wenn er im Hungerwahn
Ein Menschenkind visiert scharf an
Schläft man dann weiter
Lacht man noch
Erzählt vom Märchenland man noch
???

Man zuckt die Schultern
Und schaut weg
Die Bonzen kommen nicht vom Fleck
Man schimpft auf jene bösen Leut'
Die warnend rufen,
Was nicht freut

Als grauer Wolf kommt er voran
Die Rudel werden mehr
Sodann
Ihn kümmert all die Dummheit nicht
Er hat kein Bös- und
Gut-Gesicht

So zieht er hungrig durch dies Land
Doch hat er uns schon längst erkannt
Er bleibt ein Raubtier
Das nicht brav
Und jagt manch' dummes
Träges Schaf

Gedanke

An manchem Tag bin ich nicht froh
Verpeilt irr ich
Durch
Wald und Stadt
So mancher Traum von
Wind und Stroh
Verbrennt im Feuer
Lichterloh
Und mancher Spinner grinst nur
Satt

Wo ist die Liebe
Sag mir:
Wo
Ich schau mich um auf
Feld und Berg
Ich hoff auf Frieden
Sowieso
Und mancher Fisch schmeckt besser
Roh
Auf dieser Welt bin ich ein Zwerg

Die Dummheit scheint salongepflegt
Wer schreit
Ist überall ein King
Manch´ Arschloch schon ´ne Krone trägt
Manch´ Lachen scheint nur schrill und
Schräg
Manch´ Wolke zieht
Darüber hin

An jedem Tag stirbt Hoffnung,
Lust
Nur Krieg und Tod beherrscht die Welt
Doch jenseitig von Hass und Frust
Gibst Du mir Leben
Einen Kuss
Dann weiß ich wieder,
Was noch
Zählt

In einer Bar

Sitz in einer Bar
Am Rand aller Welten
Trink noch einen Whisky
Fühl mich total leer
Ich warte auf dich
Du wolltest dich melden
Und all meine Worte, die irgendwie zählten
Sind jenseits, weit fort
Mir ists leicht und schwer

Der Barkeeper schaut mich recht nachdenklich an
Füllt das Glas wieder auf
Das andauernd leer
Die Uhr schlägt nicht mehr
Ich weiß nicht mehr wann
Der Barkeeper fragt
Was los ist sodann
Ich schließ meine Augen
Und bin total quer

Und noch einen Whisky auf bessere Zeiten
Der Barkeeper meint
Es sei nicht so schlimm
Ich will gar nichts sagen
Ich will auch nichts schreiben
Und noch einen Whisky auf saublöde Zeiten
Er legt sich behänd auf die Seele dahin

All die verloren-gefundenen Seelen
In dieser Bar
Am Rande der Welt
All diese Worte
Die wichtig
Die zählen
Sind nichtig und hohl
Wie all jene Seelen
Der Whisky wohl alle am Leben noch hält

Sitz in einer Bar
Am Rand meiner Träume
Trink den Rest Whisky
Fühl mich total leer
Ein Sturm peitscht da draußen die Äste der Bäume
Irgendwo tief sind noch immer die Träume
Von dir und von mir
So leicht
Und so schwer

Ohne Titel

Ich schaue müd auf das Display
Der Atem stockt
Ein wenig nur
Es ist so still
Es tut nicht weh
Da ist viel Buntes im Display
Ich weiß nicht recht, was ich noch will

So ziellos scheint mir meine Zeit
Sie scheint zu stehen
Rührt sich nicht
All meine Träume sind so weit
Ich fühl mich dumm
Und nicht gescheit
Zwar ist es hell
Doch fehlt mir Licht

Mein Leben rauscht an mir vorbei
Ist ganz weit fort
Es sieht mich nicht
So vieles scheint mir einerlei
Und manche Hoffnung bricht entzwei
Und keiner da
Der's Schweigen bricht

Was kommt da noch
Ich fühl mich alt
Ich renne hin – und wieder her
Mal durch die Stadt
Mal tief im Wald
Such ich nach mir und fühl mich alt
Ich will so viel
Und fühl mich leer

Die Zeit verrinnt an Nacht und Tag
Wann sieht mich Gott
Er ist nicht hier
Mein Display manche Botschaft hat
Doch nicht für mich
Das ist sehr hart
Ich lebe noch
Ganz ohne Zier

Müd starre ich auf das Display
Mein Notebook spielt den Jazz
Den Soul
Da tut es wohl nicht ganz so weh
Die Einsamkeit friert kalt wie Schnee
Ich schreib was auf
Verrückt
Und hohl

Die ganz da oben schnappen über
Sie wollen Gott sein, fern vom Volk
Zu nah am Feuer
Jetzt
Und wieder
Durch Korruption stehn sie hoch drüber
Doch war ein Mensch noch niemals
Gott

Jagd bald den Klügel aus den Landen
Die schmieren nur
Sind schlecht zu euch
Lasst sie bald in der Hölle stranden
Die sind nur schwach
Sind voller Schanden
Fort mit dem Dreck
Fort mit der Seuch

Die Unfähigen
[Korruption und Schmiererei]

Man trifft sie beinah überall
Sie werden ziemlich hoch bezahlt
Sie fühln sich wie die erste Wahl
Doch sind fürs Volk sie nur 'ne Qual
Sie eiern rum, bis laut es knallt

Milliarden Steuergelder – weg
Doch manch' Minister fühlt sich toll
Verzockt
Verprasst
Ganz ohne Zweck
Doch kommt im Lande nichts vom Fleck
Das Volk hat längst die Nase voll

Und wenn's nicht passt
Wird gut geschmiert
Da kennt sich manch' ein Bonze aus
Damit die Wahl man nicht verliert
Damit die Brust ein Orden ziert
Gibt man versteckt Millionen aus

Nur wer gut zahlt, bekommt sein Glück
Und manch' Projekt verschlingt sehr viel
Doch vorwärts geht's dort nicht ein Stück
Das Geld versiegt
Mit gutem Trick
Projekte kommen schwer ans Ziel

Im Drogensumpf manch' große Stadt
Man kennt ihn gut,
Den „Drogen-Bär"
Dort dealt man sich die Birne platt
Und jeder, der dies alles satt
Bekommt Probleme
Hat es schwer

„Ich wüsst nicht, was ich ändern sollt"
So hat gekeift
Ich weiß nicht wer
So gärt's halt weiter
Unverzollt
Und man verprasst das Landes-Gold
Peinliche Dummheit
Hohl und quer

Recht schöngerechnet wird der Mist
Und schöngeredet aller Trug
Wo Korruption zu Hause ist
Bleibts auf den Straßen trüb und trist
Bleibts Schuldach morsch
Kocht hoch die Wut

Die Macht-Gier treibt das Stabs-Weib um
Zeigt „Finger-Schwachsinn" – faul und flach
Jedoch im Regiment ist's stumm
Sie zahlt Berater, die recht dumm
Sie ist gescheitert
Klein und schwach

Mit Arroganz, wohl beispiellos
Hörn -Die- dem Volke nicht mehr zu
Mit Überheblichkeit, die groß
Mit Händen, die schon lang im Schoß
Zerstört im Land man jede Ruh

Und wer die Wahrheit sagt im Land
Der ist ein böser Populist
Die Ehrlichkeit – schon längst verbannt
Dies Wunderland scheint abgebrannt
Weil man das Land
Das Volk
Vergisst

Man trifft sie wirklich überall
Die Schwätzer mit und ohne Zwirn
Sie können nichts
Sind letzte Wahl
Sie sind fürs Volk nur eine Qual
Verzockt, verprasst
Ganz ohne Hirn

Nachsatz:

Mit zehn Milliarden Steuergeld
Schmiert man ganz flott das Parlament
So wird man Chefin jener Welt
Nur Korruption dort wirklich zählt
Auch wenn das Weib kaum jemand kennt

So nickt man brav
Das Geld schmiert gut
Manch´ Speichellecker steigt schnell auf
Und wer nicht -schmeckt-
Kriegt seinen Hut
Aalglatt erzeugt man
Böses Blut
Doch die da oben scheißen drauf

Manch´ Medien heizen kräftig ein
Wer bringt die Action reich an Blut
Auf Fake News fallen viele rein
Millionen für manch´ Lug
Manch´ Schein
Die machen Meinung
Treu und gut

Man fragt:
Warum nur sind -die- so
Warum verzockt man Volkes Geld
Macht Korruption tatsächlich froh
Ist aller Klüngel reif fürs Klo
Ist´s schon egal, ob man noch wählt

Die Antwort darauf bringt kein Licht
Die Gier nach Macht prägt Nacht und Tag
Verloren Glaube und Gesicht
Denn ohne Schmieren geht's wohl nicht
Es ist die Geisel
Die zu stark

Dunkles Land

Die da oben schwätzen weiter
Und sie plappern täglich Mist
Sind nicht schlau
Sind nicht gescheiter
Land und Leben: *nicht mehr heiter*
Weil dies Land am Abgrund ist

Drogenstädte sind die Regel
Wer nicht dealt, den stößt man raus
Wer nicht streicht ganz schnell die Segel
Wer nicht säuft bis übern Pegel
Mit dem ist es bald schon aus

Keiner traut sich mehr zu kämpfen
Keiner hat mehr wirklich Mut
Jeder will mit Geld nur glänzen
Niemand will den Dreck bekämpfen
Und es gärt
Das böse Blut

Rotlichtgrößen,
Kriminelle
Geben längst die Töne an
Willst du Sex mal auf die Schnelle
Kriegst du ihn an jeder Ecke
Geld regiert hier Frau und Mann

Lug und Trug und Schwindeleien
Prägen jenes dunkle Land
Wichtigtuer, die laut schreien
Die kassieren, gierig bleiben
Fördern all den Flächenbrand

Wahrheit wird flugs totgetreten
Wer nicht spurt,
Ist Populist
Und man brüllt:
„Liebt uns, nicht jeden"
Und ansonsten hilft nur beten
Weils sonst schnell zu Ende ist

Und es stinkt in allen Straßen
Weil nur noch das Geld regiert
Mancher Mob schmiert durch die Gassen
Und die Menschen pöbeln,
Hassen
Wer nicht keift,
Der schnell verliert

Das Niveau sinkt immer weiter
Alle Klugheit ward zerstört
Und das Volk wird nicht gescheiter
Und im Land wirds nicht mehr heiter
Hier im Land läuft was
Verkehrt

Ein Stückchen Hoffnung

Es war am Rand der großen Stadt
Da lebte er mit sich allein
Dort, wo die Welt nichts Warmes hat
Hat er gelebt, allein, nicht satt
Er wollt es nicht
Es musste sein

So manchen Joint am Morgen schon
Den er gefunden irgendwo
Er triebs mit manchem Hurensohn
Für wenig Geld
Was macht das schon
Ein Stückchen Leben
Oder so

An einem Tag, der anders schien
Fand er den Mann
Der ihm gefiel
Er zog mit ihm mal her,
Mal hin
Es machte alles einen Sinn
Vielleicht war das sein neues Ziel

Der fremde Kerl hat ihn gemocht
Er fand ihn lustig sicherlich
Er hatte ihm mal was gekocht
Dort, wo der Specht ins Holze pocht
Da sagte er: "Ich liebe dich"

In seinen Armen träumte er
Von manchem Glück
Vom fernen Land
Mit diesem Mann ans blaue Meer
Ein Stückchen Leben, das nicht leer
Ein bisschen nur die fremde Hand

Doch irgendwann als Regen fiel
War jener Fremde plötzlich fort
Und wieder neu
Das alte Spiel
So arm und einsam, ohne Ziel
An einem kalten, stillen Ort

Ein Stückchen Hoffnung war da noch
Er dachte an den Fremden oft
Das hielt ihn fern
Von manchem Loch
Das schmolz dahin ganz sacht jedoch
Manch´ Träne aus den Augen tropft

Bald zog er weiter seinen Weg
Am Rand der Stadt mit seinem Joint
So Vieles schien vom Wind verweht
Sein Leben wohl total verdreht
Auf keiner Suche nach ´nem Freund

Ein Husten quälte plötzlich stark
Das Blut lief ihm aus Nas´ und Mund
Der Hölle nah an Nacht und Tag
Er hielt sich noch
Hat nicht geklagt
Sein Leib so krank
Die Seele wund

Halbtot und schwer
Fast wie ein Stein
Versank er unterm Blätterdach
Am Rand der Stadt
So sollt es sein
Nur er, sein Traum, der Mondenschein
Noch nie war er so hell und wach

Es war am Rand der kalten Stadt
Als er die Augen leise schloss
Dort wo der Wald noch Träume hat
Verschwand er still
Vom Leben matt
Ein Stückchen Hoffnung
Gar nicht groß

Mein Leben

Irgendwo bin ich gelandet
Irgendwo am Rand der Zeit
Irgendwo bin ich gestrandet
Alles Leben scheint versandet
Und mein Traum träumt ach so weit

Irgendwie ging es daneben
Irgendwie ist alles aus
Irgendwie zerfiel mein Leben
Trotzdem kann ich viel noch geben
Und ich bin noch keine Maus

Irgendwann zieh ich von dannen
Irgendwann zieh ich davon
Irgendwann ganz unbefangen
Ist´s vorbei
Hats angefangen
War zeitlebens Mutters Sohn

Irgendwo bin ich gelandet
Fern, sehr fern, wo nichts mehr ist
Irgendwie bin ich gestrandet
Irgendwann total versandet
Leben scheint ein Vogelschiss

Letzte Reise

Es war so im Oktober
Der Regen wusch manch´ Zeit
Da hat sie sich erinnert
An jenen jungen Mann
Der einst dies Land befreit
Der Regen wusch die Zeit
Und er ging fort sodann

Sie war schon um die Achtzig
Sanft spürte sie etwas
Es waren viele Jahre
Sie hatte weiße Haare
Da war noch irgendwas
Gesichter tränennass
Der Wind blies leis, der klare

Da packte sie die Koffer
Sankt Petersburg ein Ziel
Von dort gings mit dem Bus
Weit fort zum Weltenschluss
Es war wohl gar nicht viel
Für sie kein leichtes Spiel
Im dichten Regenguss

Es gingen viele Jahre
Der Regen wäscht die Zeit
Da hat sie sich erinnert
An jenen jungen Mann
Ach, Russland ist so weit
So schnell vergeht die Zeit
Und sie ging fort sodann

Ein einfaches Märchen

Paul ist -nur- ein Arbeitnehmer
Doch er macht die Arbeit gut
Paul aus Erfurt, kein Gewinner
Paul, ein Ossi, doch kein Spinner
In ihm brennt -noch- Arbeitswut

Doch er ist so um die „50"
Und er spürt, man will ihn nicht
Plötzlich fühlt er sich so winzig
Seine Zeit scheint nicht sehr günstig
Arg vibriert sein Lebenslicht

Und so kommt es wie er wusste
Ziemlich flott wirft man ihn raus
Schmerz spürt er in seiner Bruste
Er tat das, was jedem nutzte
Jetzt ist Schluss
Jetzt ist es aus

Seine Wut wächst unermesslich!
Ossi, 50 – wirklich tot?
Seine Seele, so verletzlich!
Seine Zukunft – unerträglich!
Und so sieht er nur noch rot!

Wie dem Paul ergeht es vielen
Alter, Ossi – das geht nicht
Zwischen Hoffnung, Wünschen, Spielen
Wächst der Drang nach neuen Zielen
Wächst der Hass auf manch´ Gesicht

Und man trifft sich auf der Straße
Einfach schreien, was nicht geht
In den Städten wächst die Rage
Fort, nur fort mit aller Phrase
Weil das Glück vom Wind verweht

Ja, es sind schon ziemlich viele
Die am End' mit der Geduld
Wieder Hoffnung, Wünsche, Spiele
Wieder Jobs
Ganz neue Ziele
Wieder Leben – ohne Schuld

Und der Wind fegt über Wege
Paul ist tot – und lebt doch gut
Auch das Land scheint nicht mehr träge
Es bewegt sich – gerad und schräge
Schnell pulsiert manch' frisches Blut

Mein Kreuz

Mein Kreuz bleibt mir am Ende nur
Es ist aus Gold
Und ist so klein
Es ist nicht Zeit, nicht Tag
Nicht Uhr
Es ist ein kleines Kreuze nur
Ich liebe es
So soll es sein

So viele Tränen
So viel Glück
Und Mama sagte:
Hüte es
Das kleine Kreuz
Mein kleines Glück
Vom Leben, ach
Ein winzig´ Stück
Mein Kreuz mich nie alleine lässt

Dies Kreuz bleibt mir so lang ich leb
Ich hab´s von Mami
Lieb es sehr
Und wenn ich auch vom Wind verweht
Das Kreuz, es bleibt
Ist ewig, stet
Mit ihm ist´s mir ums Herz nicht schwer

Mein großer Traum [Song]

Ich war so jung
Wollte groß sein, wie die Welt
Wollte stark sein mit viel Geld
Und wollt tun, was mir gefällt

Ich war so dumm
Dachte nur an den Erfolg
Wollte, dass der Rubel rollt
Alles schien aus purem Gold

Mein großer Traum
Ich wollt so viel
Mein großer Traum
Immerzu
Mein großer Traum
Es war nur Spiel
Mein großer Traum
Ohne Ruh

Alles vorbei
Denn am Ende bleibt nichts mehr
Alle Tage schienen leer
Und ich war nichts mehr

Mein großer Traum
Ich wollt so viel
Mein großer Traum
Immerzu
Mein großer Traum
Alles nur Spiel
Mein großer Traum
Ohne Ruh
Immerzu

Mein großer Traum
Er ist vorbei
Mein großer Traum
Wieder neu, wieder neu, wieder neu, oh
Mein großer Traum
Immerzu
Mein großer Traum
Ohne Ruh, ohne Ruh, ohne Ruh, oh
Mein großer Traum
Immerzu
Mein großer Traum
Immerzu, immerzu, immerzu, oh

Der Blinde

Er sah mich an und sah mich nicht
Er sah mir mitten ins Gesicht
Ich spürte seinen Blick, der stumm
In seiner Welt
Auf Ammerum

Ich dacht mir oft: *Ach, der ist blind*
Doch wusste er, wo wir gerad sind
Er kannte sich hier bestens aus
In diesem fremden – seinem Haus

„Schließ deine Augen", rief er laut
Ich tat's und nichts war mehr vertraut
Ich stolperte und fiel auch hin
Er lachte laut
Das machte Sinn

Tagtäglich dunkel, wenn es hell
Tagtäglich langsam
Nie mehr schnell
Er wusste, wie's mal früher war
Er war erst zweiundvierzig Jahr

Ich hielt ihn fest, wenn er schon fiel
Für mich wars leicht
Für ihn kein Spiel
Und einmal hielt er meine Hand
Ich hatte seine Angst erkannt

So zwischen Nacht
Und wieder Nacht
Hab ich ihn auch ins Bett gebracht
Er schloss die Augen, weinte leis
Und fluchte über all den Scheiß

Für mich wars dunkel, Nacht und Traum
Er träumte nicht
Und schlief wohl kaum
Am nächsten Morgen war er wach
Und freute sich auf jenen Tag

Oft stand im Regen er allein:
Die Tropfen fühlen, die wie Wein
Er legte sich in manchen Wind
Und sang und sprach, er sei ein Kind

Wenn draußen dann die Sonne stach
Schien er wie tot
Schien er halbwach
Dann schrie er in den Sommertag
Er läge schon im Totensarg

Ich fragte mich so dann und wann
Wer ist hier schwach
Wer stark sodann
Er war mehr Mensch als ich´s je war
Sein Sinn viel klarer noch
Als klar

Und plötzlich sah auch ich den Tag
Wie ich ihn nie gesehen hab
Wie Wolken flohen vor dem Mond
Wie Wind das Feld pflügt, das aus Mohn

Wir schwiegen oft von früh bis Nacht
Doch wussten wir,
Wer weint,
Wer lacht
Wenn man nichts sieht, dann fühlt man viel
Die Zwischenräume
Start und Ziel

So wie manch´ Farbe er erklärt
War mir einst fremd
Fast wie versperrt
Das Blau, das Rot – ich sah´s ganz neu
Er lachte nur
Und ich ward scheu

Wir sprachen über dies und das
Die Zeit verging
Sie machte Spaß
Und irgendwann, da war sie um
Ich musste fort von *Ammerum*

Er meinte noch, er käme klar
Er war zwar blind, nicht in Gefahr
Die Vögel sprachen dann zu ihm
Und brachten ihm den Lebenssinn

Er sah mich an
Und sah mich nicht
Er sah mir mitten ins Gesicht
Ich fühlte seinen wachen Blick
Ich denk sehr oft an ihn zurück

Augen

Zwei Augen schauen ernst und wach
Sind stark, voll Kraft und Wärme, ja
Sie sagen mir:
Ich bin nicht schwach
Ich bin noch da
Ich lieb den Tag
Doch wissen sie, was einst geschah

Was sahen diese Augen wohl
Ich weiß es nicht
Ich schweig
Und schweig
Sie waren jung
Sind wundervoll
Beinahe kalt und starr und hohl
Sie sahen Auschwitz, Tod und Leid

Lang schauen mich die Augen an
Und schweifen fort
Und leben jetzt
Sie sahen einst ein schlimmes Land
Sie sahen viel
Den Weltenbrand
Sind voller Träume
Und verletzt

Die Wärterin

Im Spiegel sieht sie ihr Gesicht
Im Knast-Büro am Rand der Zeit
Es ist nicht hell
Gefängnislicht
Die anderen verstehn sie nicht
Die Freiheit nah
Und doch so weit

Gleich Einschluss und dann muss sie raus
Die Häftlingsfrauen wollen viel
Hier drin in diesem engen Haus
Sieht Vieles so viel anders aus
So manches dort ist ernst, nicht Spiel

All ihre Sorgen sind nicht da
All das verbirgt sie gut und schlecht
Hier drin im Knast scheint vieles klar
Für andere ist sie wohl Star
Sie ist es nicht
Sie ist nur echt

Sehr streng scheint sie – ihr Ton recht hart
Unmissverständlich, was sie will
Und draußen wird sie auch nicht zart
Ein Wechsel zwischen hart und smart
Und manchmal wird sie ziemlich still

Ist Haar ganz kurz
Und auch schon grau
So viele Sorgen sieht sie oft
Vielleicht ist sie 'ne starke Frau
Man hört auf sie – sie ist genau
Bis an die Seel die Sehnsucht klopft

Und wenn sie weint, dann sieht man's nicht
Im Knast sind Tränen sehr verpönt
Gleich Einschluss, das verpasst sie nicht
Im seltsam müden Knast-Flur-Licht
So Vieles klar
Und nichts geschönt

Noch schaut sie in den Spiegel
Schweigt
Ist dieser Knast schon ihr Zuhaus'
Da ist nicht viel, was da noch bleibt
Ein klares Leben
Sie ist frei
Gleich Einschluss
Und sie muss jetzt raus

Eine Frau

Wiedermal den Weg zum Amte
Stolpert sie so gegen 6
Noch ist sie die *Unbekannte*
Stolpert schnell den Weg zum Amte
Das liegt vor ihr links
Dann rechts

Brötchen, Kaffee, diesen lauen
Ein Gespräch kurz auf dem Gang
In die Unterlagen schauen
Wie viel werden sich heut trauen
Und die Zeit scheint ewig lang

Auf dem Stuhl, dem harten, kalten
Nimmt sie Platz, schaut hin und her
Menschen muss sie hier verwalten
Jenen Tag mit Sinn gestalten
Und manch Schicksal wiegt so schwer

Schon kommt rein der erste Kunde
Der sucht Arbeit
Oder nicht
Ziellos starrt er in die Runde
In der Seel klafft ihm 'ne Wunde
Angst sitzt tief ihm im Gesicht

Wut und Hoffnung muss sie kennen
Manchmal Härte auch
Und Mut
Nein, es bleibt kaum Zeit zum Flennen
Manchmal nachts ist Zeit zum Pennen
Oftmals glüht noch *Arbeitswut*

Ja, sie weiß, man liebt sie selten
An dem Ort, wo gar nichts gleich
Jenes Amt der tausend Welten
Wo manch´ Regeln kaum noch gelten
Hier wird niemand wirklich reich

Wenn die Kunden dann gegangen
Ordnet sie den Aktenberg
Hier, wo manches unverstanden
Wo sich niemals Menschen fanden
Schaut sie plötzlich recht verklärt

Packt die Tasche und hält inne
Ob sich das mal ändern wird
An der Decke eine Spinne
Leis tropft Regen aus der Rinne
Alles scheint total verkehrt

Sollt sie wirklich einsam bleiben
Haus und Auto
All dies Zeug
Kommen auch mal bessre Zeiten
Ohne Klar- und Ebenheiten
Ohne künstlich-glatter Freud

Doch dann wischt sie sich die Augen
Aus der Haut kommt sie nicht raus
Dieser Traum vom Meer, dem blauen
Schon versunken
Kaum zu glauben
Schnell trinkt sie den Kaffee aus

Stumm nimmt sie vom Eisenhaken
Ihren Mantel
Ihren Schal
Zwischen Mondlicht, Mücken, Schnaken
Wird sie durch den Regen waten
Morgen früh
Und
Wiedermal

Der Mann im Wald

Auf dem Baumstumpf, da im Walde
Sitzt er oft und gern – allein
Es ist gleich hinter der Halde
Bis die Nacht sitzt da der Alte
Und man fragt:
Muss das so sein?

Vor zehn Jahren war's im Orte
Da verlor er Haus und Hof
Er war keiner von der Sorte
Die gemacht zu große Worte
Den man schimpfte *faul und doof*

Seine Frau nahm ihm die Kinder
Schnell war auch das Haus verkauft
Als dann kam der kalte Winter
Ging er fort
Er war kein Sünder
Ohne Geld
Und nicht getauft

Lang und weit ist er gezogen
Bis er fand den dichten Wald
Von der Welt zu lang belogen
Ist er ziellos rumgezogen
Und die Städte waren kalt

Zwischen dichten Weihnachtstannen
Fand er das, was ihm gefehlt
Alles Unglück schien von dannen
Hier im Wald, wo Vögel sangen
Wusste er, was wirklich zählt

Die Natur gab neues Leben
Gab ihm auch sein *Ich* zurück
Zwischen Bäumen
Aller Segen
Dort im Baumhaus ewig schweben
Dieser Wald
Sein größtes Glück

Mit dem Taschenmesser streicht er
Marmelade übers Brot
In dem Töpfchen Kaffee, dünner
Zwischen Ästen – Sternenschimmer
Wer nichts hat
Kennt keine Not

Doch es gibt wohl auch die Tage
Wo er gern bei Frau und Kind
Nein, er stellt sich keine Frage
Und da gibt's auch keine Klage
Wenn leis säuselt manch ein Wind

All die Jahre, all die Zeiten
Und sein Job in dieser Bank
All das sollte so nicht bleiben
Und die Stadt hat viele Kneipen
Weil die Seele schwach und krank

Keinem muss er heut was bieten
Haus und Auto
Super-Job
In der Stadt sind hoch die Mieten
Nur im Wald duften die Blüten
Weil hier lebt der liebe Gott

Manchen Regen hat's gegeben
Schnee und Hagel
Donner Blitz
Jener Wald – das pure Leben
Wo die Spinnen Netze weben
Mancher Frosch in seichter Pfütz

Irgendwann- und wo im Walde
Sitzt er oft und gern und träumt
Es ist gleich hinter der Halde
Bis die Nacht sitzt da der Alte
Und er hat wohl nichts versäumt

Fahrstuhlstopp

Im Fahrstuhl zwischen Hoch und Runter
So zwischen zwei Terminen – *kurz*
Da wart´ ich, gar nicht froh und munter
Im Lift, so zwischen Rauf und Runter
Und mancher Witz scheint weit und *schnurz*

Auf einmal stockt der Lift, bleibt stehen
Im Nirgendwo
Ich weiß nicht wo
Wann wird das Ding wohl weitergehen
Ganz plötzlich fängt sich´s an zu drehen
Mir wird´s recht schwindelig und so

Ne alte Frau steht da und wartet
Sie schaut mich an mit starrem Blick
Ich hoff, dass dieser Lift bald startet
Und jene Frau, die seufzt und wartet
Wann endet dieses Missgeschick

Die Alte scheint das wohl zu spüren
Sie sagt: *„Ach Jungchen, du hast Zeit"*
Ich weiß, ich sollt´ mich wohl nicht zieren
Was kann ich hier wohl schon verlieren
So manche Stunden ziehn sich weit

Wir reden über Das und Dieses
Ich lehn mich an die Fahrstuhltür
Wir sprechen über Gutes, Mieses
Im Leben gibt's so manches Fieses
Im Fahrstuhl zwischen Dort und Hier

Ich schau zur Uhr, muss plötzlich grinsen
Hier drin scheint nichts mehr wichtig, ach
So vieles ging mir in die Binsen
Oft schmeckten nicht mal Mittagslinsen
Und manchmal schien ich kaum noch wach

Die alte Frau nahm meine Hände
„Nehms nicht so schwer, das hilft dir nicht"
In jenem Lift, wo kühl die Wände
Hielt sie voll Güte meine Hände
Es flackerte das Fahrstuhllicht

Ja, da begriff ich, was sie meinte
Ich sollte viel mehr leben noch
Was mich mit dieser Frau vereinte
War der Gedanke
Und ich weinte
Wann ging´s im Fahrstuhl runter, hoch

Ein starker Ruck, dann ging es weiter
Recht schnell sprang auf die Fahrstuhltür
Ich sah den Tag, er war so heiter
Und irgendwie schien ich gescheiter
Seit jenem Fahrstuhlstopp all hier

Ich tauchte ein in Stadt und Leben
Oft fiel mir ein der Alten Wort
Von Herz und Seel konnt ich was sehen
Erinnerung an manches Schweben
Im Fahrstuhl zwischen
Hier und Dort

Das bisschen Leben

„Was ist geschehen", fragte sie
Man wusste nicht mal wann und wie
Das Kind lag tot im Garten dort
Der Tag war trüb
Ein schlimmer Ort

Die Mutter schwieg
Sie sagte nichts
Das bisschen Leben
Fern des Lichts
Es war doch eine schöne Zeit
Ihr Kind und sie
Ein Glück zu zweit

So viel erlebten sie
So viel
Ihr Kind Zuhause und beim Spiel
Sie schaut´ die Fotos lange an
Und weinte auch – so dann und wann

Erinnerungen sind so tief
Das bisschen Leben
Nichts ging schief
Doch traf ihr Kind des Teufels Sohn
Und alle Hoffnung ward zum Hohn

Was ist das Leben?
Was der Sinn?
Warum das Leben?
Wo geht's hin?
Hat Leben irgendeinen Zweck?
Ist es am End´ vielleicht nur Dreck?

Sie schwieg!
Sie wusst die Antwort nicht!
Wohin sie ging?
Man weiß es nicht!
Ihr Kind, die Urne nahm sie mit
Vom Leben blieb ihr nicht ein Stück

So oft sucht man nach einem Ziel
Ist Leben ernst?
Ist´s doch nur Spiel?
Das bisschen Leben scheint nicht lang
Wohl weint man oft
So dann
Und wann

Schnee auf Usedom

Der Wind pfeift über Baum und Strande
Die Gräser wiegen her und hin
So einsam ist's hier auf dem Lande
Auf Usedom
Im Ufersande
Und Schnee treibt übers Meer dahin

Da sind so viele Traurigkeiten
So manche Träne rinnt dahin
Ich wollte fliehen in die *Weiten*
Auf Usedom lass ich mich treiben
Ach, irgendwie zerschellt mein Sinn

Such nach der Heimat, die mir fehlte
Da war so vieles schlimm und fremd
Und als ich mich tagtäglich quälte
Hab' ich vergessen, was noch zählte
Hab' ich gekämpft ums letzte Hemd

Doch fehlte es an Luft und Liebe
So ging ich fort
Kam bald hierher
Wohin es geht
Wohin ich ziehe
Ist noch nicht klar
Jetzt in der Frühe
Ganz tief im Herzen ward es leer

Noch immer friert der Wind den Morgen
Noch immer schau ich übers Meer
Noch immer sind in mir die Sorgen
Schnee fällt auf Usedom
Im Norden
Und Wolken hängen tief
Und schwer

November

Es ist November in den Landen
Schwer wabert Kälte übers Feld
Es ist die Zeit, als wir uns fanden
Es ist November in den Landen
Ein kühler Regen leise fällt

Schon hetzt der Wind die dunklen Wolken
Manch Nacht durchzieht den ganzen Tag
Da bleibt nicht viel mehr unbescholten
Und Sturm zerfetzt die düstern´ Wolken
Ganz tief im Herz schmerzt manche Klag

Schon bald zieh ich nach Süd und Norden
Veränderung trügt meinen Blick
Wohl bin ich hier nicht frei von Sorgen
Mich zieht ein Ruf nach Süd und Norden
Vielleicht entdeck ich dann mein Glück

Am Grab

Was fängt man an allein
Allein
Wenn keiner da ist, den man liebt
Lässt man den Tag, das Leben sein
Was wird nur, wenn man ganz allein
Wenn man den Horizont nicht sieht

Die Menschen kommen
Gehen fort
Ja, man gewöhnt an sie sich schnell
Sie spenden Trost und manch ein Wort
Sie sind lang da
Sie gehen fort
Ein Spatz im Baum singt froh und hell

So vieles geht mir durch den Sinn
Wo werd´ ich sein
Wenn ich allein
Was, wenn ich ewig traurig bin
Wenn tränenschwer ertrinkt mein Sinn
Kann dann mein Herz noch fröhlich sein

Was fang ich an allein
Allein
Am Grabstein knie ich bis zur Nacht
Lass ich den Tag, mein Leben sein
Wie geht es weiter
So allein
Nur dieser Spatz im Baume wacht

Die Bank am Wald

Recht einsam steht die Bank am Wald
Sie ist verwittert und schon alt
Manch Brett brach durch
Man strich sie an
Ich sitz hier gern, auf ihr, sodann

Von hier aus schau ich auf die Stadt
Die unten liegt und Leben hat
Doch auch zum Himmel ist´s nicht fern
Von hier aus seh ich gut die Stern´

Die Bank kennt auch mein Auf und Ab
Sie kennt mich, wenn ich stark und schlapp
Sie kennt auch meine Tränen gut
Sie gibt mir Kraft
Sie gibt mir Mut

Und wenn ich wieder gehen will
Dann lächelt sie so lieb und still
Dann sag ich leis:
„Mach´s gut, bis bald"
Da ist´s egal, ob warm, ob kalt

So einsam steht die Bank am Wald
Verwittert ist sie
Und schon alt
Ich bin hier gern
Ich bin hier froh
Auf meiner Bank, im Irgendwo

Alte Frau

Sie denkt sehr selten nur an Morgen
Die alte Frau ist ohne Sorgen
Sitzt auf der Bank, vorm Haus, im Tal
Und es ist Frühling
Wiedermal

Im Sommer ziehts die Frau zum Garten
Sie will jetzt nicht mehr länger warten
Die Rosen und die Nelken blühn
Sie will nochmal im Tanz sich drehn

Der Herbst zieht ein, die Blätter fallen
Auch Vogelstimmen kaum noch hallen
Die alte Frau ruht sich nun aus
Und Nebel ziehen um ihr Haus

Die alte Frau ist alt geworden
Und jenes Jahr scheint fast gestorben
Der Winter längst am Fenster leckt
Die Bank vorm Haus
Von Schnee bedeckt

Späte Heimkehr

Es steht ein Haus am Waldesrande
Und es fällt Schnee so weiß und sacht
Gar friedlich liegt dies deutsche Lande
Gar friedlich ist der Tag, die Nacht

Ihr Name ist Frau Martha Krause
Ihr Mann, der Kurt, zog in den Krieg
Nie kam er von der Front nach Hause
Und Martha hofft lang auf den Sieg

So viele Jahre sind vergangen
Der Krieg, das Sterben
Alles aus
Sie hat mit Kurt sich gut verstanden
Vor vielen Jahrn in diesem Haus

Sie steht am Fenster, schaut zum Walde
Ob Kurt den Weg zum Haus noch find´
Er wird wohl kommen, ziemlich balde
Und in den Bäumen spielt der Wind

Der Schnee türmt auf sich um das Häuschen
Und Martha wird es ziemlich flau
Vorm Ofen piepst ein kleines Mäuschen
Und draußen wird es kalt und grau

Da stapft durchs wüste Schneegestöber
Ein junger Mann bis vor das Haus
In Uniform und Stiefelleder
Schaut er wie ein Soldat wohl aus

Er starrt zum Fenster und zu Martha
Die schiebt leis die Gardine fort
Sie hat wohl Tränen unterm Haar da
Und beide sprechen nicht ein Wort

Sie nimmt die Feldpostbriefe an sich
Die von der Front ihr Kurt einst schrieb
Und fühlt sich leicht und gar nicht grantig
Und hat den Kurt noch immer lieb

Sie geht hinaus zu jenem Manne
Der küsst sie sacht auf ihre Stirn
Der Schneesturm tobt durchs deutsche Lande
Und kann doch gar nichts mehr zerstörn

Die beiden stapfen bis zum Walde
Und Schnee hüllt sie wien Schleier ein
Kurt war gekommen, ziemlich balde
Und beide wollen endlich heim

Es wacht ein Haus am Waldesrande
Und es fällt Schnee so weich und sacht
Und friedlich ists im deutschen Lande
Und Martha hat sich aufgemacht

Wir hatten diese Zeit

Wir hatten diese Zeit
Jenseits aller Regeln
Dort in San Diego
An diesem wundervollen
Strand der Seligkeiten
Du bist mir im Herzen
Noch geblieben
Und wirst es immer sein
Und bist doch fort
So weit
Dort in San Diego
In dieser wundervollen
Stadt der schönsten
Märchen

Ein Lied für Dich und mich
Ich hör es noch
Und sing es leis
Es war wohl unsere Zeit
Dort in San Diego
An diesem geheimnisvollen
Strand aller Sehnsüchte
Und aller Träume
Die wir hatten
Ja, wir hatten diese Zeit
Sie ist für immer in mir
Und auch in Dir
Wie dieses Märchen

Wohl wird sie wieder sein
Jene Zeit mit uns
Ich werde wieder da sein
Bei Dir
Dort in San Diego
An jenem weißen
Strand der Hoffnungen
Dann werden wir uns küssen
Lieben und uns nie mehr
Trennen
Ich summ noch unser Lied
Dort in San Diego
Ja, wir hatten diese Zeit
Der unbeschreiblich
Schönen Träume
Die Zeit wird wiederkommen
Dann werden wir zusammen sein
Dort in San Diego
In unserem Märchen

Mein Sinn

Mein Sinn treibt mich von Nord nach Süden
Treibt mich vom Land zum Ozean
Vom Eis bis hin zu Sommerblüten
Treibt mich das Jahr von Nord nach Süden
Verfolgt von Angst und Mut sodann

Ich zieh durch Hagel, manchen Regen
Durch Sturm und Feuer immerfort
Ich such behänd nach noch mehr Leben
Und wisch vom Kopfe mir den Regen
Und weiter geht's von Ort zu Ort

Doch find ich auf der langen Reise
Wohl immer nur -und wieder- mich
Mein Sinn schreit manchmal laut,
Mal leise
Es ist die immer gleiche Reise
So schnell und langsam,
Ewiglich